JN411220

• 월더니스 시선집 109

산수유

김시왕 시집

도서출판 동인

| 추천사 |

이 시집의 저자는 나의 족제(族弟)이며, 그는 대구 출신으로 고향은 경북 안동의 두메산골이다.

금융기관에 근무하다가 정년퇴임하고 노경(老境)에 들어 시를 쓰기 시작하여 이것이 그의 두 번째 시집이다.

십여 년 꾸준히 시 창작 기법을 연마한 결과 오늘에 이르렀으며, 시에 대한 향념(向念)을 늘 마음 한 구석에 간직한 것은 시문을 숭상한 가문의 전통 때문이다.

1집과 2집에 걸쳐 그의 시가 소박하고 겸손하게 삶을 노래하고 자연과 사랑, 추억을 예찬하는 흐름이 주류를 이루었고, 노후에 시작된 그의 시작(詩作)이 서정시의 원형(archetype) 같은 인상을 주면서 시류에 오염되지 않은 것은 다행스럽게 생각한다.

앞으로 그의 시가 일가를 이루고 새로운 변모가 있기를 기대하면서 그의 정진을 기원한다.

2014년 11월

김종길

(시인, 전 고려대학교 영문학 교수)

| 책머리에 |

평소에 나를 아껴주시는 분들의 바람과 권고로 이번에 두 번째 시집을 감히 펴내게 되었다.

첫 번째 시집을 펴낼 때 이미 습작시 140수가 준비되었는데, 그 중 70수를 선정하여 첫 번째 시집에 실었고 나머지 70수를 퇴고하여 이번 두 번째 시집에 수록하였다.

아직도 마음에 들지 않아 두렵기만 하니 재능이 부족한 탓이다.

첫 시집에는 주로 자연과 추억에 관한 내용이었으나 이번 시집에는 희수의 나이를 맞아 미래 지향적인 인생관, 세계관, 통일관 등 경험철학적인 시각으로 접근해보려고 했으나 역시 마음뿐이었고 역부족이었다. 앞으로 독자의 사랑을 받기위하여 배전(倍前)의 노력을 다하겠다.

사막 위에서 고통이 있어도 계속 걸어가면 필연 오아시스가 나올 것이다. 걷지 아니하면 거대한 모래 폭풍에 묻혀버릴 것이다.

전 고려대학교 영문학 교수이시고 시인이신 족친 김종길 대형께서 나의 시 창작 공부에 자상한 가르침을 베풀어주시니 영광이다. 또한 제2집을 펴내는 과정에서 도움과 용기를 주신 문학평론가이며 시인이신 대진대학교 박정근 교수께 감사의 말씀을 드린다.

2014년 11월 29일

김시왕

| 차례 |

제4장

영경에게

제1장

산수유

가을이 온다

구름은 높이 흐르고
먼 산이 가까이 오니
바람도 맑아졌네

새파란 하늘에는
코끼리가 새끼들을 몰고
강을 건너고 있네

멀리 가냘픈 색소폰 소리
끝없는 우수로
내 마음 괴롭히네

북한강 강변 둑 코스모스 오솔길
정 두고 떠난 자리
실바람 불고 가네

노을 진 강둑을 따라
흰꽃, 노랑꽃, 빨강꽃, 연분홍꽃
당신의 향기 멀리 멀리 풍기네

가을에 핀 꽃이 아름다운 것은
가냘프고 외로운 붉은 사랑이 있어
헤어질 때는 만날 때보다
더욱 더 사무치기 때문이네

구름

바람 부는 대로 속세를 벗어나
정처 없이 떠다니는 구름

사람들과 멀리 떨어져
다니는 이유는
인간은 오만하기 때문

구름은 가난하고
사람들은 부자이기 때문

사람들은 서로 싸우고
잘난 체하기 때문

외롭다 해도 넓은 하늘
한없는 자유가 있기 때문

조용히 왔다가
조용히 가는 자연
저 장엄한 행렬
복자들의 행렬
그곳은 밤에도 어둡지 않네

그리움

들꽃이 피어 있는
조용한 산길을 걸어
숲속으로 그대를 찾아가니
당신은 이미 떠났다고
뻐꾸기가 외로이
뻐꾹 뻐꾹

님은 저 먼 곳으로 가고
내 가슴을 태우는데
활짝 핀 제비꽃
나를 반기네

세월은 추억의 달무리를
애써 지우려 해도
가슴속 깊게 새겨진
하얀 그리움은 영원하리

산마루에 올라
뭉게구름 달리는
푸른 하늘을 바라보며
그대 향한 그리움을 하소연하네

기다림

산록에 자리 잡은 아파트
창문열고 여름을 맞이하니

아카시아 향기 자욱한 곳에,
목련 꽃망울이 터져 있었네

나는 꽃 필 때까지 기다리다,
기다릴 수 없어 떠나니

그 꽃도 피어나
날 기다리다가 시들어갔겠네

우리는 서로
기다릴 수 없는 운명인가

* 1995년 6월 15일 은행을 떠나면서.

내 고향 산촌 정경

아침안개 희끄무레
앞산에 걸쳐있고,
앞 내 흐르는 물소리
바위 타고 졸졸졸

아저씨는 외양간에서
쇠죽 먹이고

서낭당으로 가는 고갯길에는
산딸기가 주렁주렁

폭포 소리 들으면서
강물 따라 거닐을 제
황새는 외로이
허공을 나는구나

해질녘 냇물에 통발 묻어두고
새벽에 달려가 거두어 내니
가물치, 꺽지 여러 마리 버글버글
숙모님 아침국거리 누렇게 올라오네

앞산 위로 조각달 뜨고
별빛은 아스라이
처마에 걸릴 때

들에 나간 아저씨
꼴망태 짊어지고
논길 따라 황소 몰고 들어오네

단양 도담삼봉

가을이 떨어지는 강물 위에
단풍 덮인 봉우리 셋,
태양을 이고 붉은 빛 찬란한데

하늘 아래 절벽 위를 바라보니,
멀리 소백산 頂上엔 석양이 비치고
북풍 불어오니 강물이 더욱 차네

단양팔경 돌아돌아 가는 뱃길
강물은 산 돌아 흐르고
산은 강물 따라 움직이고

멍하니 뱃길 따라 내려가니
낙엽은 뱃전에 떨어지고
황새는 강물 위를 사뿐사뿐 걸어가네

달빛 사랑

빌링스 공항에서
옐로스톤 가는 고속도로
자정을 넘어 두 시간
몬태나 주의 달빛에 젖네

별들이 쏟아지는
새하얀 밤하늘에
아메리카 인디언처럼
공중에 뜬 벌건 보름달을
신기하게 쳐다보네

산모퉁이를 돌 때마다
둥근 달은 얼굴 내밀고
방긋 웃으면서 인사하니
몬태나 주의 밤을 불태우고
나그네 영혼이 달아오르네

별빛에 씻긴 밝은 달이
아내 가슴에 안기니
아내는 부끄러워
내 손을 꼭 잡았네

달빛 아래
우리 사랑
달빛 사랑

* 2004년 5월.

들풀

한을 외치는 어눌한 목청
길섶에 들풀이 슬피 우네

그래도 그렇지 어떻게
남의 나라를 침략하여
백성들을 유린하는가

내 누이를 사냥하고
피 흘려 쓰러지게 하여
전장에서 꽃 떨어져
들풀로 태어났네

봄바람 불어올 때까지
하늘만 보다가
달 밝은 밤
행여 님이 오실까
하얀 저고리 풀고
한밤 지새우네

그리운 사연이 벌겋게 물들고
언덕 위에 긴 그림자 드리울 때면

오늘도 뻐꾹새 슬피 우니
외로운 들풀 한나절 울었네

망초꽃

잡초 속에서 살아가는 망초꽃
흙냄새 맡으며 생기를 얻어
폭풍우 속에서도 꿋꿋하게 살아가누나

언제나 가녀린 몸으로 춤을 추면서
한 여름 뙤약볕 아래 화사한 꽃을 피우고
자유를 구가하며 살아가는 망초꽃

길섶에서 발길에 채이면서도
모진 세월 속에서 피고 지는 한 많은 꽃
굴욕을 삼키며 내일을 살리라

순진무구한 소녀같이
예쁘게 아양 부리면서
나를 보고 인사하네

무등산

초여름 서석대, 날선 암벽,
그리던 무등산 오늘에야 오르니
만평 억새풀, 허리를 흔드네

장불제, 입석대에서
흐르는 땀 씻어내니,
여기가 호남의 영산 무등산

손들면 흰 구름 닿을듯하고
내 영혼 하늘에 떠올라
너울너울 춤을 추네

내 일찍 이 곳을 오지 못하고
이제야 이 산을 왔다가 가니
하늘 위 저 해는 기억하고 있겠지

* 2007년 6월 1일.

미래의 강

우주 생물체는 물
인간은 소우주
몸속에는 물이 있어
전자파가 흐른다

별나라엔 우주인이 살아
계속 파도는 오는데
무슨 소린지 알 수가 없다

주파수가 같으면
공명을 일으켜
서로 통신이 되고
미래의 강이 흐르는데

한 방울 이슬도
우주와 교신을 하며
조용히 파문이 일고

맑은 물이 흘러오면
지구는 깨끗해지고
나쁜 사람이 없으련만

바위에 앉은 인어

덴마크 스웨덴 해협
어여쁜 아가씨
바위에 올라앉아
잃어버린 추억 속으로
먼 바다를 바라보네

내 이름은 미미
나의 사랑은 바이킹
오랜 세월 그대를 기다리다
그리움에 사무쳐
인어가 되었네

피라미드처럼
시간과 공간이 정지된 상태
지난 세월만 꿈꾸고 있나

너는 오늘 운이 좋아
나를 만나 꼬리를 흔드는가
고맙다, 코펜하겐

영원하여라

* 1974년 4월 17일.

북한산 둘레길

더위에 찌든 가슴
바람에 씻는다

폭포수에 탁족하고
앞가슴을 풀어놓으니
허공이 아리다

마음 터놓고
얘기할 수 있는 친구라면
더욱 시원하리

드높은 하늘 위
피어나는 흰 구름
반나절 이십 리 길
하염없어라

앞으로 남은 길
얼마나 오르내리면
언덕 넘어 주막집
나를 기다리나.

북한산 숨은 벽 능선

인수봉 뒤쪽으로
올라가는 바위능선

용암이 흘러
떡시루같이 켜켜이 쌓인
우둘투둘한 등뼈 위를
업히어 올라가니

저 멀리 도봉산 마루에
흰 구름이 흐르고
이 건너 송추벌판에는
눈앞이 확 트인 초여름 풍경

선인들의 발자취 따라
올라가보니
후미진 계곡에
자주색 목련이
너무나 외로워

* 2008년 6월 9일.

山寺

내 고향 도램마
도연폭포 절벽위에
외로이 걸려있는
주인 없는 고찰

처마 밑 풍경소리
적막을 깨는데,
외로이 미소 짓는
석가여래불

휘돌아가는 강물처럼
세월은 흘러
사람은 가고
빈 절만 남아

솔바람 사이사이
뻐꾸기 울음소리
지나는 외로운 나그네
설렘만 더하네

그 옛날 조상님
짚신 신고
강변 바윗길로
이십 리 밖 큰집에
제사 모시러 가는 길

오늘도 제삿길
너럭바위 타고
살금살금 걸어간다

산수유

산수유, 산수유
나는 너를 보고 싶어 찾아왔다
겨우 내 봄을 기다렸다가

하얀 족두리 쓴 봄 처녀
너는 봄의 전령사
나를 한없이 기다리다
부끄러워 고개 돌리네

양지바른 숲속
노랑 등불 아래
벌 나비들이 파고들어
사랑에 빠져있네

해맑은 너의 자태,
그윽한 향기가
봄 안개 속에 얽혀 있구나

네 심장의 피는
우주로 흘러가
붉어가는 석양이어라

새봄

멀리 앞산 언덕엔
아지랑이 너울너울

비행장 들판에는
달래 냉이 꽃다지

보리 밭둑 머리에는
쑥들이 파릇파릇

냇가에는
물오른 버들강아지

순이 젖가슴엔
나물 바구니,

봄날은 길기만 하니
옆집 총각은 소식이 없어

외로운 순이는
네잎클로버만 찾아다니네

* 1950년 봄, 대구 앞산 비행장에서.

서리풀 공원 숲길

유월의 고요한 숲길을 걸으니
온갖 때 묻은 마음
적막으로 씻어낸다

숲길가에 흐드러진 망초꽃이
바람에 살랑이니
맞선보는 총각처럼 가슴이 두근

까치 한 마리
고목나무 위에 둥지를 트니,
뻐꾹새 탁란한 후
밤새도록 울고 있네

하지가 지나가니
숲의 호흡이 빨라지고
상사화 줄기꽃이 진홍으로 변하네

석류나무

처가댁 마당가에
석류나무 한그루

아내의 전설 품고
서있는 나무

천둥과 벼락으로
쪼개진 석류

태양을 머금어
빨간 얼굴로

오랜 세월
나를 기다렸네

아내가 주는 석류알 먹고
사랑의 덫에 걸렸어요

불타는 당신 가슴엔
분홍색 스카프

여미고 사리다 못해
풀어놓고야 마는구나

애수

아양스런 그대 얼굴
수줍은 듯
붉어라

당신을 사랑한다고
귀에 속삭이니

팔짱을 끼면서
정답게 기대었네

그대와 사랑할 땐
장미꽃이 피었는데

얼마 후 헤어질 땐
국화꽃이 시들어버리다니

찬바람 불더니
검은 신사 다가와
내 사랑 앗아갔네

아 당신은 누구인가
나는 슬프고 괴로웠네

오월

늦은 봄
풀벌레 울음소리에
들풀이 들먹들먹

잔잔한 햇빛 파도 속에서
화들짝 꽃핀 오월의 들판은
정 붙이기 바쁘네

꽃술을 스쳐가는 실바람 속
열매 맺기 한창이니
사랑 가득 찬 대자연의 조화

산과 들, 숲과 그늘
잔잔한 강물위의 휘황한 달빛
오월의 목장은 우리를 부르고

아카시아 향기 그윽한 오솔길
하얀 눈을 맞으며
하염없이 걷고 있네

春來不似春

아침안개 자욱하고
미세먼지 뒤덮으니

햇빛이 흐릿하여
깃발마저 광채 없다

어슴푸레 떠있는 달은
속상한 얼굴이네

그래도 남풍 불어와
버들강아지는 돋아나는데

아직도 마스크 쓰고 다니니
春來 不似春

파도

파도여,
너하고 얘기하려니
답답하구나

먼 길도
눈앞인 양 달려와
철썩, 철썩

옛 소식 들으려 해도
너는 그냥
철썩, 철썩

하루에 수만 번씩
철썩, 철썩

말 한번 못하고 사라지는,
너는 벙어리인가
귀머거리인가

보고 싶다, 만나고 싶다
미련만 남기고 돌아서는

나는 이방인

아픈 사랑아
철썩, 철썩

* 1984년 10월 발리 구타비치에서.

하늘공원

291 계단 타고 하늘나라 올라오니
공원 뒤덮은 억새풀
바람에 춤을 추고

코스모스 질펀하게 빨강색, 노랑색
낙엽 지는 길가엔 국화가 만발

쓰레기 더미 난지도가
난초 지초 언덕으로 변해

풍요와 향기 넘치는 곳
여기가 신들이 노는 하늘공원

가을바람 살랑 살랑
억새풀 울렁울렁

풀숲 속에 나 홀로 서서
하늘 우물 바라본다

제2장

시인

시인

외로워요
그리워요
불안해요

가슴 속
불타는 열정으로
참으렵니다

오직 시가 살고 내 영혼이 살기만 하면
바람 따라 이곳저곳
시를 뿌리면서 살겠어요

구름을 보면 구름이 되고,
강물을 보면 강물이 되어
내 마음은 정처 없이 흘러가겠어요

겨울은 닥쳐오고 밤은 오는데
먹이를 찾는 굶주린 사자처럼
외롭고 고달픈 여행을 하겠어요.

역설과 모순

긍정과 부정의 충돌
빛과 그림자의 교합
역설과 모순의 대립

역설을 수용하는 데는
정신적인 강인함이 필요하고

모순은 대립하지만
역설은 신성하다

모순에서 역설로 성장하는 것은
의식의 도약을 뜻하고,
미래의 밝은 세상을 예측할 수 있으며

역설에 머무는 것은
통합의 권리를 얻는 것.

적자생존

돼지 새끼들이
먼저 젖을 빨려고
형제 새끼들을 밀쳐내고

젖을 많이 먹은 새끼는
배가 불러도
비킬 생각을 안 하는데

마음 약한 놈은
비실비실 밀리며
젖을 빨 수가 없다

그 옛날 학창 시절
어머니 모시고 자취하던 집
춘천행 열차길 옆
장위동 돼지 움막집

마음 좋은 돼지 새끼는
자연도태 되지나 않았는지
생존경쟁, 종족 보존은 자연의 이치

사람도 마음만 좋아서는
경쟁에 밀려 성공할 수 없으니
환경에 적응하여 최선을 다해야 하리

파리의 다락방

파리의 하늘밑 다락방,
창밖에는 세느강이 흐르고
다리 위에는 젊은 연인들 키스하니
긴 그림자, 강물 위에 떨어지네

콩코르드 광장에서도,
에펠탑에서도,
이곳저곳에서 다 키스를 하니,
파리는 키스의 도시인가

깊은 잠에서 깨어나 창문을 여니
세느강 위엔 둥근달이 비치고
닳고 빛바랜 담장에는
장미꽃이 얽혀있네

어저께 창밖에는
피는 꽃을 보았는데,
오늘 아침 세느강 물 위엔
꽃잎 동동 떠내려가네

홀로 사흘 동안 메트로를 타고
온 시내를 뒤집고 다닌 후
텅 빈 다락방에 쓸쓸히 돌아오니
외로운 마음 강물 따라 둥둥 떠가네

편지

종이 무게보다
무거운 사연

긴 세월 접어
보낸 이야기

영혼은 바보처럼
바람에 몸 풀어

사랑한다고
허공에 띄운 편지
올올이 배어있는 체취

밤새도록 강물 위에
떠내려 오는 나뭇잎
당신의 답장인가

하루방

몽고 모자 쓰고
눈 부릅뜬 채
가슴에 손 얹고
바다를 바라보네

너는 제주도 지킴이
바람에 씻겨
구멍이 송송 뚫린 얼굴
무정한 표정이 유정해 보이는데

몽고 말이 해풍을 타고
바다로 쳐들어오니
삼별초는 돌이 되고 말았지

죽은 사람 물속에서
뚜벅 뚜벅 걸어 나와
검고 딱딱한 얼굴 내미네

하와이 연정

KAL 리조트 호텔 현관
호기심 태우며 남몰래
스튜어디스를 기다리네

반라의 몸들이 맨발로
야자수 거리를 활보하니
여기가 에덴동산

와이키키 해변
넓은 백사장 위에
구릿빛 나신들이
뒹굴고

그녀 새하얀 허벅지
몰래 훔쳐보려니
부끄러워 바다로 뛰어드네

원주민 아가씨 엉덩이 춤
울렁이는 젖가슴
해님도 가다 보려고
머리위에 떠있나

알로하오에, 알로하오에.

해운대의 밤

밤바다에는
둥근 달이 목욕하고
별들도 사이좋게 속삭이고

백사장 위에는
우리의 사랑이 여물어가고
호텔 무도장에서는
분위기 있게 춤을 추네

한 송이 백합화를 바라보며
오랜 세월 기다렸던 밤
높은 파도가 무섭게 덮치니
강둑이 한꺼번에 터지고

그 아픔 누구도 알지 못한 채
밤새도록 불여귀는 우는데
밤새껏 달빛이 창문에서
방안을 훔쳐보고 있네

사랑은 여인의 가슴에 둥지를 치고

내 가슴은 아직도 불타오르는데
새벽은 너무 빨리 오고 있네

황하

태산 갔다 오는 길에
꿈에 그리던 황하를 만나니
봄바람에 내 마음 설레라

나무숲은 하늘 끝에 걸려있고
꽃들은 강물 따라 울긋불긋
해오라기 강가에서 졸고 있네

강물 위에 석양이 비치며
저 멀리 돛단배 아스라이
떨어지는 해 따라 넘어가네

황하 누른 물은
중국 대륙의 핏줄
찬란한 역사를 안고 묘연히 흘러가네

황토 물을 먹고
자란 사람들
위인, 장수가 많이 나니

공자, 맹자가 탄생하고
두보, 이태백이 태어난
찬란한 황하 문명이여

아득히 먼 곳으로, 먼 시간 속으로
저 강은 긴 여행을 하면서
삼국지를 쓰고 있네

제3장

DMZ를 내려다보며

감나무

감홍시 떨어지는 산골
벌건 입으로 숲을 헤매면서
감나무 위로 올라가
홍시를 따던 소년

꼴망태 짊어지고
배 터지는 황소 몰며
뒷골에서 내려오네

뒷간 감나무 밑 양은솥에
자주 감자 삶던 할머니
청솔가지 매운 연기 속에서
눈이 아려 고개 흔드는 초저녁

소년은 커서 6·25 때 전선으로 간 후
영영 고향으로 돌아오지 못했네

초가집 지붕 위에 앉은 까치야
아저씨 전사 소식이 웬말이냐!

먼 훗날 산중턱에 신작로가 생기니
옛집은 헐리고
늙은 감나무도 밑둥만 남아
정들었던 까치, 갈가마귀 보이지 않네,

길가에 비비추, 참나리꽃은
아저씨 영혼인가.

경순왕

우리 시조 발자취 찾아
고랑포에 달려가니
신라 임금 경주를 떠나
고려 땅에 묻혀 있네

이끼 낀 비석은
흰 꽃을 피우고
천년 풍우 시달리며
신라가 고려에 넘어가는
슬픈 이야기 전해주네

왕건과 경순왕은
피 한 방울 안 흘리고
통일을 이루었는데

이제 남북한도 사이좋게
평화 통일 이룩하면
통일은 대박이다

기도

현충일에 국립현충원에 가서
순국선열에게 꽃다발을 바치고
하루 빨리 통일되기를 기도하네

그윽한 향기
피어오르고
님의 은덕
가슴에 새기네

기도는
인간의 구원을 위해
신께 드리는 마음이라
신과 통하는 길이 열리리라

기도는 신과 인간 사이
사랑은 사람과 사람 사이
그리움은 당신과 나 사이
애틋한 마음이리라

DMZ를 내려다보며

어젯밤 꿈속에서
백마고지 능선에 올라
DMZ를 내려다보니

잃어버린 세월
너무나 길어
하늘도 울고
땅도 울고
강물도 우네

인적이 없는 황야에는
어둠을 뚫고 태양이 솟아나고
노랑꽃, 빨간꽃 다투어 피며
노루가 뛰어노는 들판이 있었네

들풀도
분단된 조국을 슬퍼하며
숲 길가에 엎드려
눈물 흘리고 있네

DMZ 능선에서
시인이 부르는 평화의 노래는
풀과 나무의 녹색 심장을
펄떡이게 하네

백마강

뼛가루를 뿌리고
황산벌을 달리는
백제의 아들아

백마강에
너를 수장하니
고란사 처마 밑
물고기가 우는구나

고란초 향불을 피워놓고
너의 못 이룬 넋을 달래니
천년 지난 지금에도
씁쓸한 향기 피어오르네

부활

오바마 미국 대통령은
세월호 침몰 사건으로
저 세상으로 가신
어린 학생들 영혼을
위로하러

백악관 앞마당에 심어둔
잭슨 매화 묘목을
선물로 가져와서

그는 내년 봄
일찍이 매화꽃은 다시 피고
그 향기를 타고
어린 영혼들의
부활을 기원했네

詩

시는 쓰면 쓸수록
언어의 미로에서
헤매지만

내 마음에 꿈을 실어
시 한 송이
피워보네

아름답게 갈고 닦아서
고독한 영혼들에게
뿌리리라

세계에 으뜸가는 한글을 만나
우리나라 고유의 정형시를 즐기는 것은
하늘이 내린 축복이다

영국 여왕 생신날

엘리자베스 영국 여왕
생신 축하연에 초청받아
도포 입고 참석하니 가문의 영광

남녀노소 사람들
동구 밖에 나오고
온 마을 아이들
초가위에 올라 앉아
여왕님 맞이하니
하회마을 경사로다

여왕님 모시고
생신상을 차려놓고
하회탈춤 구경하며
사진까지 찍으니

아직도 그 사진
동네 기념관에 남아 있고
낙동강은 역사를 안고

하회를 돌아가네

* 1999년 5월.

은어

낙동강 최상류 도연폭포 아래
깨끗한 물속에서 사는 성스러운 은어
은빛 빛나는 몸매
투명한 영혼으로
고상하게 일생을 살아간다.

여름방학 때 고향에 내려가
초동들과 은어 잡고 멱 감던
아련한 추억이 되살아나네

어느 날 폭포가 없어지고
강물도 썩어가니
신비로운 은어는 사라지고
내 고향도 보이지 않네

끝없는 인간의 욕망이
저지른 참극인가

인간이 황폐해가고
지구도 망가져
창조주의 걸작이 파괴되다니

오, 지구촌이여,
그대의 미래가 어지럽구나

정화수

6 · 25 때 참전한 형님을 위해
어머니께서는 집 뒤뜰에서
정화수를 떠놓고
무운을 비셨다

간절한 말, 애절한 마음,
저 달이 구름을 벗어날 때
아들은 무사히 귀향하였네

어머니가 빌고 있는 정화수,
방금 떠온 생기 있는 샘물은,
형님의 무사 귀향을
이미 다 알고 있었던가

청계천 예찬

하얀 뭉게구름 물위에 비치고
잉어, 붕어 떼가 버글버글
갈대숲이 울렁울렁

진달래, 철쭉 만발하고
온갖 새들이 날아드니
내 고향 향수

서울을 관통하면서
맑은 공기 뿜어내니
서울 시민의 허파

청계천 3가에서 용두동까지
한적한 두 시간,
즉흥시 지어내어 하얀 시를 음송하니

허공에서
한 송이 한 송이
꽃이 되어 떨어지네

* 2014년 4월 8일.

탑돌이

인도네시아 족자카르타
보로부두르 신전

대지는 불볕더위
무서운 적막 속에서 인적이 없고
백여 개의 종탑 안에
부처님들 외롭게 坐禪

나는 탑돌이가 되어
석가모니 求道苦行길 따라
종탑을 돌고 돌아
극락으로 올라가네

종아 울려라,
진리의 소리 들린다
부처님 加被 입게 하여 주소서

꽃향기와 새들의 소리,
태양의 빛깔, 대자연의 메아리,
조화를 이루면서

서로 화합을 하네

* 2012년 4월.

통일염원

66년 기나긴 세월
녹슨 철조망
칠천만 민족의 눈물로
삭아 없어질 때도 되었네

임진강은 얼어붙어
첩첩이 쌓여있고,
한 많은 우리들 가슴은
겹겹이 얼어있네

꿈속에서 강 건너 고향 마을
하염없이 바라보니
어스름 달빛아래
갈대꽃 울부짖고
꽃다운 시절이
덧없이 흘러갔네

허공 속에 떠도는 혼
보고 싶다고 부르짖는 소리
메아리가 없구나
이 세상 넓고 넓어도

깊고 깊은 이 한을
메울 수가 없구나

독일도 브란덴부르크에서
베토벤 교향곡 합창을 불렀으니
우리도 DMZ 평화의 공원에서
아리랑을 목 터지게 합창하세

산 자도
죽은 자도
우리 모두 다함께

한탄강

풀잎에 아침이슬
구슬구슬 맺혔다가

햇볕타고 하늘로 올라
바람타고 헤어져 내린다

쏘가리 낚시하던 그 옛날 한탄강
어탁하고 자랑하던 시절

젊음의 길목 돌아 나오니
뿌연 강물만 흘러가고

바람처럼 자유로운 영혼
이슬 같고 번개 같다

제4장

영경에게

교차로다방

1957년 종로 네거리
교차로다방 이층
신사 한분이 단골로 와서
뜨거운 커피에 계란 넣어 마시면서
대학생을 기다립니다

교통비도 없는 대학 신입생이
종로 화신 앞 전차역에서 내려
그 신사를 만나고 갑니다

수많은 세월이 흘러
그 대학생은 신사가 되어
1호선 종각역 이층 다방에서
멀리 떠나가신 당신을 그리워하며
커피에 위스키를 타서 마시고 있습니다

텅 빈 세월을 넣고 휘저으면
가슴이 메어져
허공에 쓰디쓴 편지를 띄웁니다.

나이아가라

1974년 3월 22일
밤 12시 버팔로 공항
생질 남매 내외를
드라마틱하게 만난다

광폭하게 떨어지는
거대한 폭포는
순백의 비늘처럼 반짝이면서
무지개를 만들어
우리들의 만남을 축하해준다

폭포 언저리를 뒤덮는 물안개가
태양을 맞받아
허공에 꽃을 피우고
폭포가 진동하니
온몸이 흔들린다

에리호 호숫가 화덕에서
핵물리학 박사, 공학박사 내외와
불고기 파티를 즐기니
2박 3일 꿈같은 순간이었다

남십자성

자카르타 북쪽 천개의 섬
등대 불빛은 어스름 달빛 같고
고깃배를 따라 반딧불이 떠돈다

달빛 아래 파도소리 들으며
아득한 수평선 너머
남십자성 꿈을 꾼다

아빠 별 알파
엄마 별 베타
인호 별 감마
인수 별 델타

인호야 인수야
남십자성은 신성한 별이다
꿈을 안고 앞으로 나아가라

운명이 널 부르고 있다
너의 신념을 위해서 싸워라
지금까지 살아왔던 순간들을 위해

과거로 되돌아갈 수는 없다
너희들 손으로 미래를 찾아야 한다

* 2012년 4월 8일.

노인

세월이 흘러
병든 친구 반이 넘고
저세상 가는 친구도 늘어나네

어수선한 이 세상에
이 몸 쓸쓸히 남았으니

나의 거친 숨결
어색한 기운이 있어

나는 이미 노경에 든
나이임을 안다

희미한 달빛 아래
내 혼 누가 부르려나

고독한 밤열차는
정처 없이 달리는구나

눈 내리는 밤

대학 2학년 가정교사 시절
어느 날 그 집 딸 영길이와
점심때 하이라이스를 먹었네

둘은 스물두 살 동갑내기,
하이라이스 소스만큼
호기심이 달달했네

내가 좋아했는지 몰라도
그녀의 흰 스카프만 보고 있는데
그녀의 눈은 겉돌고

12월 중순 크리스마스 시즌
함박눈이 펑펑 내리는 밤
사랑방 옆 넓은 홀에서
우리는 폴카 춤을 추었지

여러 가족 친지들 앞에서
의기양양하게, 낯 뜨겁게
젊은 시절 하룻밤
꿈같은 이야기

오늘밤도 창밖엔
함박눈이 내리는데
그녀의 속삭이는 소리가
사근사근 들려오네

달동네

1957년 대학 입학 후
남산너머 해방촌 골짜기
골목 밖에는 GI들이 버글버글

후암동에서 종암동까지
버스통학을 할 때
버스는 내가 자는 안방이다

동대문에서 전철로 바꿔 타고
삼각지에서 내려
해방촌까지 걷고

삼선교 언덕 성 밑에서
안암동 고대 뒷산을 넘어
종암동 학교까지 걷고 또 걸었다

흑석동 중앙대학교 명수대 골목 끝에서
종암동 종점까지
버스를 갈아타고 두 시간

장충동 언덕 미공군 장교 숙소
보일러맨으로 寄食하면서
벙어리 냉가슴 앓던 시절

대학 입학하고 서울 처음 올라와
달동네만 돌아다니면서
동가식서가숙

그날그날 먹고 자는 것이 소망
공부하는 것은 오히려 사치
한없는 자부심으로 견디어냈다.

러브 체인

그대는 아무도 모르게
내 가슴에 큐피드의 화살을 날려
사랑의 포로로 만들었어요

그대 사랑으로 가득한 내 마음의 꽃밭에
여름날 그대는 나비가 되어
꽃술을 간질이며 날아왔어요

그대가 머물다가 떠난 자리엔
내 마음의 꽃잎이 흔들렸지만
또렷이 그려져 있는 하트 무늬

그대와 내가 머문 자리에
아름다운 풀 한포기 피어나
영원히 남을 네잎클로버!

밥그릇 국그릇

밥그릇 국그릇은
평생 붙어 다니는 짝이라
내가 밥그릇이면
아내가 국그릇

늙을 때는 밥그릇이
국그릇보다 작고
국그릇은 젊을 때나
늙을 때나 한결 같네

밥도 없고 국도 없을 때는
계속 죽을 쑤고 있는데
나 혼자만 밥을 굶지 안 했네
아내의 남편 사랑 덕분에

밥그릇은 국그릇이 있어
오래 살고
국그릇은 밥그릇이 있어
행복했네

보살

얼씨구 절씨구 들어간다
작년에 왔던 각설이
올해도 잊지 않고 또 왔네

해방 직후 한센환자들 몰려와
나는 맨발로 쫓아 나가
대문 닫고 서 있었지

어머니께서 방문 여시고
"쌀 반 사발만 퍼 주어라"
금싸라기 같은 쌀톨인데

아, 어머니
당신께서는 보살이신가요.

사춘기

어느 따스한 봄날 오후
우면산 수목원에서
철쭉꽃 꽃망울 터질 때
어여쁜 처녀들 젖망울 부풀었네

지나가는 듬직한 사나이
윙크하건만
모르는체하는 계집애
정말 바보네

답답한 총각 선생님
가슴 스치고 지나가니
부끄러워 얼굴 붉히며
어쩔 줄 모르네

행복한 젊은 시절
사랑이 넘치는 시절
아마도 그때가
사춘기였던가

疎通

폐허에 서 있는
제우스 신전 기둥들이
어렴풋한 속삭임으로 들려주는
희랍 신화 이야기

정열적인 태양, 부드러운 달빛
서로의 조화 속에서
저 멀리 들리는
긴 메아리

향기와 빛깔과 소리가
잡초 속에서 서로 화합하고
대자연과 인간이
소통을 한다

조상들의 웅장한 지혜
눈으로 보고 귀로 들으니
고금의 인간끼리
소통을 한다

* 1974년 4월 25일.

아내

男男 女女
남자는 남자답고
여자는 여자다워라

겸손하고 온화하며
화사한 얼굴

시들지 않는
꽃인 줄 알았는데

오늘밤 곤히 잠든
당신의 얼굴

바람에 흔들리는
물결 같아요

잠든 꽃을 보는 꿀벌처럼
당신의 영혼을 돌보리라
아내여 나를 믿어주세요

훗날 이 세상 끝에서는
구름을 같이 타고
끝없는 여행을 합시다

아내를 잃은 친구의 후회

아내가 떠나고 나니
후회되는 일이 너무 많다고,
사랑을 듬뿍 주지 못해
가슴이 아프다고

밖에 나갔다가
집에 들어오는데
방이 텅텅 비어있어

외로워
너무 외로워
북받치는 설움
눈물이 핑 돌아

한 남자가 한 여자를 만나
목숨을 바쳐야 하건만
홀로 남게 되니

눈물이 강물 되어
아내의 얼굴이
둥둥 떠내려간다고

목이 멘 그 사람
말을 잇지 못 하네

아내와 커피 한잔

대낮 열두 시,
아내와 거실에서
콜롬비아 커피 한잔

아내의 체취가
커피 향기 속에서
온몸으로 흐르네

커피는 사랑의 칵테일
당신의 눈빛에
내 몸은 저리고

당신을 보는 나의 가슴
두근두근 콩닥콩닥
천천히 아주 천천히

정겨운 햇살 앳된 당신
눈과 눈
잔과 잔이
부딪치고 마네

오랜 세월 삶을 음미하며
진진하게 떠오르는
그리움을 마시네
당신을 마시네

아버지 回家하시던 날

서울 역촌동 집에서
우리 가족 단칸방 생활할 때

손자녀 보시려고
며칠 와 계시다가
말없이 다녀가시던 아버지

빛바랜 두루마기를 보며
내 가슴은 한없이 미어져

한 자락 한 자락 지나가는
아버님 餘日 위에
나의 悔恨만 남았었네

월급쟁이로 가난하게 살아
부모님 공양 잘 못해드리고,
이제 와서 후회하니
자식 보기 부끄럽네

역촌동 옛집

담장에는 빨간 장미
지붕에는 호박
마당에는 대추나무,
상추, 고추, 가지, 나팔꽃

벌, 나비
잠자리도 찾아와
우리 아이들
자연학습 하던 곳

건넛방 세놓고
안방에서 온 식구 같이 자며

서오릉에서 역사 공부하고
북한산 계곡에서
물놀이 하던 아이들

아궁이에 연탄 갈기
바쁘던 시절

여섯 명 우리 가족
열심히 살던 곳

영경에게

청춘이 간다고
아쉬워하지 마라

꽃피고 난 뒤
열매가 열듯이

꿈 많은 너의 꽃자리에
경원이가 달려있구나

아이는 꿈이요
희망이며
행복이니

미래를 우러러보며
부푼 가슴 펼치거라

* 2008년 11월 30일 경원이 돌을 축하하면서.

우리 삼촌은 전문 농사꾼

누런 보리 물결치는 내 고향 그곳에는
결코 잊지 못할 어린 꿈 서려있고
뻐꾹새 우짖는 소리 허공에 퍼져있다

한 많은 일생, 일그러진 육신
밤하늘 별빛아래 살아있고
달 밝은 강물위에 떠있다

하늘아래 두메산골 태생
6남 2녀 여섯째
조부모 형제 뒤치다꺼리 다하는
5남 3녀 아버지

일 년 사시 장천 논밭에서
황소처럼 일을 해도
끝이 없고 죽을 틈도 없는
우리 삼촌은 농사꾼

정화수같이 맑은 마음
양심 따라 살아가는 사람
88년 세월동안 6・25 참전 3년을 빼놓고

고향을 떠나본 일이 없는
우리 삼촌은 전문 농사꾼

워싱턴 매미

워싱턴 인호 인수네 집
동네 길에는 매미 시체가
낙엽처럼 깔려 있다

수컷은 여름 내내
암컷 찾아 울다가
눈물마저 말라버리면
사랑도 마르고 몸도 말라
바람에 날려 땅에 떨어진다

17년 만에 땅속에서 나온 매미
온 동네가 매미의 연가로
시끄러운 시장통이다
미국 매미는 한국 매미보다
더 시끄러워 귀가 먹먹하다
나는 이런 매미 처음 봤다

짝 찾아 알 낳고
겨우 며칠 동안 살다가
죽은 시체가 되어
도로를 온통 묘지로 삼으니

심약한 외손자 등하교 때
다닐 수가 없다

* 2004년 5월.

지례예술촌에서

한여름 밤, 첩첩 산중
뻐꾸기 슬피 울고
지례예술촌의 밤은 적막이 흐르는데
지산서당 대청마루에서
족친들 함께 모여 회포를 풀고
400년 흘러간 세월을 낚아내네

바람에 흔들리는 가지 소리에
참새들도 놀라 푸드덕거리며
풀잎에 내린 이슬
벌레들의 눈물인가

맑은 바람결에
그 옛날 선조들의 시낭송 소리
은은히 귓전에 들려오네

돌밭을 흐르는 반변천에서
바위를 베고 누워
물 흐르는 소리 들으며
하늘을 바라보던 시절이여

초등학교 친구들
팔십을 바라보니
흐르는 세월 막을 길 없어

정든 고향마을
임하댐으로 수몰되어
온 데 간 데 없고
뒷산 숲속에 遺墟碑만 남아있네

* 2012년 7월.

짚신

동지섣달 긴긴밤에
아저씨는 토방에서
가마니 짜고
짚신 삼으시고

아지매는 안방에서
바짓가랑이 걷어붙이고
삼베길쌈 비벼내네

이십 리 길 안장에
짚신 신고 가시면서
신작로에선
발 벗고 다니시니

돌부리에 부딪히고
가시에 찔리고
발바닥 성한 곳이
하나 없었네

우리 조상님은
해와 별과 달을 보며

강물 따라 자연에 순응하면서
일생을 담백하게 살다 가셨지

閑居

화사한 복사꽃
물에 비치고

산 모습, 냇물 소리
뜰 안에 드네

언덕 위 소나무에
학이 날아들고

마당가 고운 매화
향기를 뿜어내니

동구 밖 언덕길 올라서니
먼 님 그리워

내 마음 구름 따라
앞산으로 넘어가네

앞들에 보리이삭 패일 적
가지 꽃 붉게 피고

장다리 밭, 꽃 속에서
벌 나비 춤을 추네

따사한 봄 한 철은
고향 집이 더 좋아

행복

셋째 딸 지현이가 아들 딸 낳아
재롱둥이가 생겼다.

어제는 희진이를 데리고
동네 한 바퀴 돌고,

오늘은 희성이와 근처 미도산에
걷기 운동을 했다.

봄날 철쭉이 무성하고,
날씨가 화창하다.

사람이 살면서 후손을 보고
건강하게 자라주니 행복하다.

사랑의 메신저로서 구도의 길을 가는 시인

박정근
(대진대학교 영문과 교수, 시인, 평론가)

I

시인은 시를 쓰고 시를 통해서 말하는 존재이다. 가족에 대해서, 자연에 대해서, 세상에 대해서 시인은 자신의 가슴으로 느끼고 머리로 인식되는 것을 미학의 체로 걸러서 쏟아놓는다. 시인은 세상의 어떤 명예나 부보다 아름다운 시 한편을 지었을 때 진정한 기쁨을 느낀다. 김시왕 시인은 첫 번째 시집을 내놓은 지 일 년여 만에 두 번째 시집을 내놓았다. 늦깎이 시인이지만 시작(詩作)에 대한 열정과 기쁨을 지니고 있다는 증거이다. 그는 여생을 시작에 모든 것을 바치고 싶은 마음을 「시인」이라는 시 속에 표현하고자 한다. 그가 시를 쓰는 길이 아무리 쓰라린 고독과 운명을 거쳐야 한다고 하더라도 그 구도의 길을 묵묵히 걸어가겠다는 맹세를 시의 신에게 고백하듯이 노래함으로써 시인으로서 자신의 정체성을 밝히고자 하는 것이다.

오직 시가 살고 내 영혼이 살기만 하면
바람 따라 이곳저곳
시를 뿌리면서 살겠어요

구름을 보면 구름이 되고,
강물을 보면 강물이 되어
내 마음은 정처 없이 흘러가겠어요

겨울은 닥쳐오고 밤은 오는데
먹이를 찾는 굶주린 사자처럼
외롭고 고달픈 여행을 하겠어요.

(「시인」 부분)

김시왕 시인은 세속에서 벗어나서 시 속으로 들어가면 아름다움과 순수함을 발견할 수 있다. 그리고 그는 시를 자족하는 것이 아니라 세상을 구원하고 공생하는 전략으로 활용하고자 한다. 그의 관점으로는 세상이나 인생이 고통과 번민으로 가득하지만 시에는 인간이 염원하는 낙원에 대한 꿈이 숨어있다고 보는 것이다. 그러나 시작은 그에게 그리 만만한 길이 아니며 구도의 길도 편안하지는 않다는 것을 인지하고 있다. 하지만 시인으로서 정체성을 지니기 위해서는 시를 단지 유희적 기능으로 보아서는 안되며 시의 공익성과 치유성을 분명하게 믿어야 한다. 김시왕 시인의 시작은 시인으로서 시에 대한 긍정적 믿음을 가지고 공동체를 구원하고 치유하려는 신념을 가지고 있음을 「詩」에서 보여준다.

내 마음에 꿈을 실어
시 한 송이
피워보네

아름답게 갈고 닦아서
고독한 영혼들에게
뿌리리라

(「詩」 부분)

김시왕 시인이 두 번째 시집을 내면서 가지고자 하는 의식은 시작을 하는 일이 그저 취미삼아 하는 아마추어적인 동기가 아니라는 점이다. 그가 위의 시에서 밝히고 있듯이 시를 쓰는 일을 통해서 시인으로서 자신을 정체성을 확실하게 가짐으로써 자신을 수양하여 완벽한 인격을 가지고자 한다. 아울러 그는 시의 씨앗을 세상에 아낌없이 뿌려서 세속에서 오염된 영혼으로 살아가는 사람들을 아름다운 시의 세계로 안내함으로써 구원하고자 하는 역할을 자임하겠다는 자신감을 피력하고 있는 것이다. 그런 시인으로서의 소명감은 이번 시집을 출간하는 계기가 되었다고 볼 수 있으며 끊임없는 노력으로 시의 완벽성을 향해서 정진해 나가리라고 본다.

II

시인에게 시를 쓰는 일은 고귀하지만 그렇게 화려하고 떠들썩한 외향적인 일은 아니다. 왜냐하면 시란 연극이나 합창과는 달리 홀로 사색하는 시간이 필요하기 때문이다. 자연과 친밀하게 대화할 수 있는 한적한 시간 속에서 시를 구상하고 내면의 방을 두드리는 일을 해야 한다. 시인은 도회를 떠나 시골집에서 도회의 번잡한 생활을 떠나 즐기면서 「閑居」라는 시를 쓴다. 자연이 보여주는 모습을 여유롭게 즐기는 시인은 아무런 고민도 부족함도 느끼지 못한다, 그야말로 청빈낙도하는 선비와 같은 심정이다. 그것을 즐기는 자는 노동의 힘든 고통도 긍정적으로 수용할 수 있다. 김시왕은 화려한 도회생활에서 느낄 수 없는 즐거움을 자연 속에서 살면서 발견할 수 있는 소박한 심정을 가지고 있기에 서정적 시를 쓸 수 있는 것이다.

앞들에 보리이삭 패일 적
가지 꽃 붉게 피고,

장다리 밭, 꽃 속에서
벌 나비 춤을 추네

따사한 봄 한 철은
고향 집이 더 좋아

(「閑居」 부분)

인생의 비극성이라는 것은 인간의 필멸성에서 벗어날 수 없는 숙명에서 기인한다. 시인도 인간이기에 어쩔 수 없이 이런 숙명적 필멸성을 극복할 수 없다. 김시왕 시인은 노년에 접어들어 친구들이 병이 들거나 세상을 떠나가는 것을 안타까워한다. 세상의 영욕을 안고 살아가면서 삶과 자연을 아름답게 노래하는 시인이지만 자신에게 닥치고 있는 비극적 필멸성을 피해갈 수 없다. 그래서 시인은 우정을 나누던 친구들을 떠나보내고 홀로 남아있어야 하는 쓸쓸함에 대해 「노인」이라는 시에서 "세월이 흘러/병든 친구 반이 넘고/저세상 가는 친구도 늘어나네/어수선한 이 세상에/이 몸 쓸쓸히 남았으니/나의 거친 숨결/어색한 기운이 있어/나는 이미 노경에 든/나이임을 안다/희미한 달빛 아래/내 혼 누가 부르려나/고독한 밤열차는/정처 없이 달리는구나"라고 노래한다. 결국 시인은 실존적이고 필멸적 존재로서 죽음이라는 숙명을 피할 수 없음을 인지한다. 하지만 그는 시인으로서 죽음이라는 실존적 상황조차도 그의 시속에 담아서 노래하고자 하는 것이다. 시인에게 시는 죽음이라는 대명제 앞에서 단지 도피적인 모습을 보이는 것이 아니라 그 비극적 감정을 담담하게 노래할 수 있는 초월성을 획득하고자 하는 것이다.

김시왕 시인은 천성적으로 자연예찬론자이다. 자연은 세속에 찌들어 살아가는 인간의 왜곡된 모습을 비추어주는 거울이다. 또한 자연은 인간의 병든 마음을 치유해주는 신비로운 손길을 지니고 있기에 자연친화적인 시인은 종종 세속을 떠나 자연 속으로 피정을 나간다. 시인은 서리풀 공원 숲길을 걸으면서 자연이 가지는 정화작용에 대해서 "온갖 때 묻은 마음/적막으로 씻어낸다"라고 노래한다. 인간은 자연과 같은 순수와 아름다움의 원상태를 상실하면서 세월을 낭비한다. 우리는 행복을 물질이 가져다주리라고 믿지만 아이러니하게도 그것은 인간의 신성을 가리고 때 묻게 하는 암적인 탐욕을 키울 뿐이다. 시인은 자연의 순수를 회복하는 길은 인간의 마음에 덕지덕지 붙어있는 탐욕의 무게를 덜어내는 것임을 깨닫는다. 즉 인간의 신성을 가리게 하는 소유욕을 버림으로써 하늘이라는 낙원에 다다를 수 있다고 믿는 것이다. 서리풀 공원 숲길은 잠시나마 인간의 탐욕을 벗어나게 하고 낙원으로 변하여 시인에게 다가온다. 그 속에서 시인은 천사의 노래 같은 자연의 아름다움을 발견하고 황홀경에 빠진다.

숲길가에 흐드러진 망초꽃이
바람에 살랑이니
맞선보는 총각처럼 가슴이 두근

까치 한 마리
고목나무 위에 둥지를 트니,

뻐꾹새 탁란한 후
밤새도록 울고 있네

(「서리풀 공원 숲길」 부분)

시인의 자연예찬은 자연의 상징인 '산수유'를 연인으로 비유하면서 절정으로 치닫는다. 자연은 사랑의 대상처럼 시인에게 동경과 그리움의 대상이 된다. 시인은 산수유를 연인으로 의인화시키면서 그것을 그리워하고 사랑의 갈증을 풀어주는 손길을 지녔다고 노래한다. 산수유는 시인이 찾아가면 열정적으로 사랑을 표현하는 서양적 미인이 아니라 오히려 사랑하면 할수록 수줍어하며 고개를 돌리는 동양적 여인을 닮아있다. 시인의 자연예찬은 "음양의 조화"라는 동양철학적 사고에 근거한다. 시인은 사랑에 빠진 신랑이고 산수유는 그를 오랫동안 그리워하며 기다린 수줍은 색시가 되는 것이다. 인간과 산수유의 사랑은 인간과 자연의 교감이며 시는 둘 사이의 연가가 된다. 시인은 시인과 산수유의 사랑을 사랑의 꿀을 찾아오는 벌과 나비와 꽃등불의 아름다운 이미지로 표현하면서 사랑의 변주곡을 노래한다. 김시왕은 산수유에 대한 예찬을 단순한 연가로 멈추지 않고 우주적 차원으로 발전시키고자 한다. 그는 「산수유」의 마지막 연에서 산수유를 석양으로, 자연을 우주로 치환하면서 이미지의 점증적 확대의 전략을 구사함으로써 그의 자연예찬이 음양의 조화를 추구하는 동양철학적 사고에 근거하고 있음을 보여주는 것이다.

산수유, 산수유
나는 너를 보고 싶어 찾아왔다
겨우 내 봄을 기다렸다가

하얀 족두리 쓴 봄 처녀
너는 봄의 전령사
나를 한없이 기다리다
부끄러워 고개 돌리네

양지바른 숲속
노랑 등불 아래
벌 나비들이 파고들어
사랑에 빠져있네

해맑은 너의 자태,
그윽한 향기가
봄 안개 속에 얽혀 있구나

네 심장의 피는
우주로 흘러가
붉어가는 석양이어라

(「산수유」 전문)

김시왕 시인은 섬세한 서정성에만 머물지는 않고 중국대륙의 웅장한 풍경으로 눈을 돌린다. 「산수유」가 여성적 감성에 기대고 있다면 「황하」는 남성적 기질을 보여준다. 중국을 여행하면서 태산을 거쳐 황하강을 만났을 때 느꼈던 거대한 감동을 시화하고 있다. 그러나 여성적 서정이 남성적 서정과 크게 다를 바 없다. 하지만 이 시는 가급적 여성적 감상성을 절제하고 마치 풍경화를 그리듯이 담담하게 그린 수채화를 연상하게 한다. 황하강가에서 바라보는 하늘에 걸려 있는 나무숲과 아름답게 피어있는 꽃들을 배경으로 한가롭게 서 있는 해오라기는 무념무상의 동양화 한 폭이라고 해도 지나치지 않다. 게다가 강물에 비친 석양의 붉은 빛에 물들어 돛단배가 유유히 움직이는 모습은 '정중동'의 선적 깨달음을 주고 있다. 여기에 인간적인 속물성을 찾아보기 힘들다. 시속의 화자는 마치 노장사상을 겸비한 선비 같은 초탈한 모습으로 황하 강물이 그리고 있는 거대한 자연의 역사를 음미하고 있다.

태산 갔다 오는 길에
꿈에 그리던 황하를 만나니
봄바람에 내 마음 설레라

나무숲은 하늘 끝에 걸려있고
꽃들은 강물 따라 울긋불긋
해오라기 강가에서 졸고 있네

강물 위에 석양이 비치며
저 멀리 돛단배 아스라이
떨어지는 해 따라 넘어가네

황하 누른 물은

중국 대륙의 핏줄
찬란한 역사를 안고 묘연히 흘러가네
(「황하」 부분)

김시왕 시인은 자연을 사랑하기 때문에 인간의 탐욕으로 인하여 환경이 파괴되어가는 상황을 안타까워하는 것은 당연하다. 그는 자연을 고향과 동일화시키면서 개발로 인한 환경파괴와 함께 고향마저 사라져버렸다고 안타까워한다. 시인은 「은어」에서 "어느 날 폭포가 없어지고/강물도 썩어가니/신비로운 은어는 사라지고/내 고향도 보이지 않네"라고 한탄한다. 환경파괴의 책임은 마땅히 인간에게 있다. 자연의 오염이나 황폐화는 단순한 물질적 욕망에 대한 비판일 뿐 아니라 자연을 창조한 신에 대한 불경이요, 모독이다. 그는 환경파괴를 "끝없는 인간의 욕망이/저지른 참극인가"라고 울부짖으면서 개발로 인해 "지구도 망가져" 버렸으며 "창조주의 걸작"이 훼손되고 말았다고 심판을 내리며 지구의 미래가 어둡다고 진단하고 있다. 이러한 맥락에서 본다면 김시왕 시인의 자연관은 낭만주의적 서정성에서 자연의 파괴를 막고자 하는 생태주의적 관점으로도 확대할 수 있다고 보아야 할 것이다.

III

김시왕 시인은 감수성이 예민한 만큼 가족에 대한 사랑은 남다르다. 시인은 가족애의 핵심에 아내가 있음을 시에게 노래한다. 사랑이란 나이와는 관계없이 끊임없이 지속된다는 것을 느끼게 하는 시구를 아내에게 바치고자 한다. 노년에 들어서도 아내는 역시 영원한 연인으로 자라잡고 있다고 보며 아내와 커피 한잔을 나누면서 "정겨운 햇살 앳된 당신/눈과 눈/잔과 잔이/부딪치고 마네"라고 노래한다. 또한 그는 커피향기가 피어오르는 낭만적인 분위기를 연출하면서 오랫동안 함께 살아온 결혼생활에 대해서 회고하며 행복에 겨워한다. 그는 아내의 에로틱한 향기를 커피향기에 비유함으로써 언어적인 유희를 즐긴다. 즉 커피를 마시는 행위를 아내를 사랑하는 행위와 연관시키면서 독자로 하여금 묘한 사랑의 연상을 하도록 이끈다. 이것은 커피를 살아있는 인간의 몸과 연관시켜서 살아 숨 쉬게 하는 의인화의 전략이요, 은유의 전략이다.

오랜 세월 삶을 음미하며
진진하게 떠오르는
그리움을 마시네
당신을 마시네

(「아내와 커피 한잔」 부분)

시인은 자식에 대해 인생에 대한 진심어린 충고를 하는 형식으로 사랑을 토로한다. 그가 자식을 키우면서 가졌던 사랑과 관심을 앞으로 세대를 이어 자식을 키워나가는 딸 영경에게 아름다운 자식사랑을 전해주고자 한다. 노년에 접어든 시인이 어찌 가는 세월이 안타깝지 않겠는가. 사실 자식이 쏜살같이 달아나는 세월을 아쉬워한다기보다 시인 자신이 남아있는 여생의 소중함을 더욱 깨달음으로써 자식에게 그 시간의 소중함을 전달하고자 하는 것이다. 하지만 그 아쉬움은 자신의 삶의 덧없음을 탓하기보다 자신의 삶의 열매인 자식을 잘 키워나감으로써 보상을 받는 것이 지혜롭다고 말한다. 덧붙여서 자식은 한 인간의 꿈, 희망, 행복이 된다고 보고 자식사랑에 최선을 다하라는 부모의 마지막 충고로서 딸 영경의 행복을 기원하고 있는 것이다.

청춘이 간다고
아쉬워하지 마라

꽃피고 난 뒤
열매가 열듯이

꿈 많은 너의 꽃자리에
경원이가 달려있구나

아이는 꿈이요

희망이며
행복이니

미래를 우러러보며
부푼 가슴 펼치거라

(「영경에게」 전문)

김시왕 시인의 사랑의 원천이 아내와 자식 같은 가족에 근간을 두고 있다는 것은 당연하다. 가족이란 시인의 삶을 지탱해주는 근간이고 삶의 공동체이며 그의 존재의 의미이기도 하다. 그가 시를 통해서 가족에 대한 사랑을 표현하고 있는 것은 그동안 그에게 삶의 의미와 즐거움을 주었던 가족에 대한 보답이기도 할 것이다.

Ⅳ

시인의 세대가 지내온 시대는 민족의 아픔을 송두리째 몸으로 겪어야 했던 비극성을 지니고 있다. 이 민족적 비극은 어느 특정인이 우연적으로 당하는 고통이나 파멸이 아니다. 식민시대를 뚫고 나온 한민족은 다시 이데올로기적 분열의 소용돌이 속으로 빠져들어 동족끼리 살상하는 광증에 빠지고 말았다. 6·25 전쟁은 민족 전체가 죽음의 장으로 끌려 나가 비극의 주인공이 되거나 피해자로 전락하고 만다. 특히 젊은 자식을 둔 어머니들은 어려움 속에서 사랑으로 키워낸 자식들이 갑자기 주검이 되어

돌아오면 평생 그 한을 품고 살아야 했기 때문에 가족 전체가 그 고통의 무게 함께 감당하지 않으면 안 되었다.

우리 민족의 어느 누구도 그 비극을 비켜났다는 안도감이 그리 편안하지 않다. 그 시대의 어머니들은 민족의 아픔을 공동체적으로 분석하고 해결하려고 하기보다 우선 가족차원에서 안위를 구하려고 하였다. 민족의 모순을 통합적으로 인식하기에는 너무 시급하게 닥쳐온 일이라서 위험에서 자식을 먼저 구하려는 개체적 소망이 앞서기 마련이다. 이것도 닥쳐온 위기에 대해서 완벽하게 대처할 능력을 소유한 것도 아니다. 그저 급한 나머지 조상이나 샤머니즘적 대상에게 도움을 청하는 원시적인 형태에서 벗어나기 어렵다. 경제적으로 극빈을 벗어나기 어려운 시절에 어머니들은 신새벽 아무도 보지 않는 뒤뜰에서 깨끗한 정화수 한 그릇을 떠다놓고 자식의 안전을 빌었을 뿐이다. 그런 절박한 상황에서 물질이 아닌 영적 정성을 물 한 그릇에 담아 초월적 존재에게 빌었던 것이다. 그리고 그것이 필연적 귀결일 수 없겠지만 자식의 무사귀환이 그녀들의 정성에 감동한 초월적 존재의 덕으로 돌리고 안도의 숨을 쉬었던 것이다. 시인은 가족공동체에서 비극과 행운을 동시에 느끼면서 민족모순에 대해서 객관적으로 바라볼 수 있었던 경험을 시로 승화시키고 있다. 그는 「정화수」라는 시에서 어머니의 정화수를 통해 형님의 무사함에 대한 가족애를 담고 있다.

6 · 25 때 참전한 형님을 위해
어머니께서는 집 뒤뜰에서
정화수를 떠놓고
무운을 비셨다

간절한 말, 애절한 마음,
저 달이 구름을 벗어날 때
아들은 무사히 귀향하였네

어머니가 빌고 있는 정화수,
방금 떠온 생기 있는 샘물은,
형님의 무사 귀향을
이미 다 알고 있었던가

(「정화수」 전문)

김시왕 시인은 6 · 25가 끝나고 60여 년이 흘러갔지만 그 상처는 여전히 도처에 남아있음을 느낀다. 함께 살았던 가족과 친지들의 부재는 시인으로 하여금 그들에 대한 그리움과 설움을 발생시킨다. 통상적으로 인간의 상처는 세월이 지나면 치유되거나 사라지게 된다. 그래서 인간은 새로운 삶을 갈 수 있으며 미래와 변화에 의해서 희망의 비전을 획득할 수 있다고 본다. 그러나 시인은 마을이 개발되고 뇌리에 박혀있는 옛집과 감나무가 사라지거나 변형되었는데도 상처의 잔재가 아직도 남아있음을 느낀다. 시인은 현재의 새로운 현상을 보지만 그것에 의해서 완전한 심적 변화로 이행될 수 없다. 왜냐하면 과거의 상처는 시인의 상상력 속에 사라진 존재들의 이미지를 여전히 되새기며 그를 과거 속으로 회귀와 반추를 하게 하는 것이다.

먼 훗날 산중턱에 신작로가 생기니
옛집은 헐리고
늙은 감나무도 밑둥만 남아
정들었던 까치, 갈가마귀 보이지 않네,

길가에 비비추, 참나리꽃은
아저씨 영혼인가.

(「감나무」 부분)

김시왕 시인이 시작을 함에 있어서 과거지향적이고 회고적인 모습을 보여주는 것은 그의 노경의 연배와 관련이 있는 것은 사실이다. 하지만 그가 자신을 둘러싼 현상들에 대해서 수동적으로 바라보고 음풍농월하지만은 않는다는 것은 그의 인식의 확장가능성을 암시한다. 위에서 언급한 시를 통해 재현한 민족적이고 가족적인 아픔을 민족모순으로 깨닫고 이를 해결하고자 하는 공동체적 인식을 보여준다. 전쟁의 아픔은 민족의 분열에서 온 것이며 이를 치유할 수 있는 유일한 길은 '통일'이라고 본다. 이는 민족적 모순에는 거리를 두고 기득권을 지키며 이데올로기적 한계에서 벗어나지 못하는 극우적 사고를 극복함으로써 가능한 것이다.

김시왕 시인이 두 번째 시집을 내면서 첫 번째 시집과는 차별화하고 새로운 의미를 살리는 중요한 변화가 바로 분단의 아픔과 통일에 대한 희망을 매우 육화된 시어를 통해서 재현했다는 점이다. 이러한 시적 인식은 시작에 있어서 문제의식을 개인적이고 감상적인 수준에서 벗어나서 사회적이고 공통체적인 수준으로 끌어올리려는 시인의 노력이 없이는 불가능하다. 다행스럽게도 시인이 사유의 범위를 민족, 생태, 통일 등의 거대담론으로 발전시키려는 피나는 노력하고 있다는 것을 보여주었다고 평가할 수 있다. 그는 「통일염원」이라는 시에서 “66년 기나긴 세월/녹슨 철조망/칠천만 민족의 눈물로/삭아 없어질 때도 되었네/임진강은 얼어붙어/첩첩이 쌓여있고,/한 많은 우리들 가슴/겹겹이 얼어 있네”라고 노래하면서 통일에 대한 진정성과 절실함을 주장하고자 한다. 이런 거시적 자세는 시인이 일단계적 감상성이나 서정성에서 사회적이고 철학적인 주제를 시 속에 용해시켜 작품화할 수 있는 역량을 보여주는 것이며, 앞으로 더 정교한 문학세계를 창조할 수 있다는 믿음을 준다고 볼 수 있다. 다음 시집에서 더욱 정진하여 완숙된 시들로 독자들에게 다가올 것을 기대한다.

김시왕

號: 桂山, 字: 憲國

1938년 대구 출생

서울대학교 상과대학 졸업

서울신탁은행 32년 근무

삼성투자신탁증권 상무, 감사, 고문

2013년 4월 월더니스 문학에서 시 부문 등단(신인상)

한국시인협회 회원

시집: 『추억은 강물처럼』

산수유

발행일 • 2014년 11월 29일

지은이 • 김시왕

전　화 • 019-252-6840

발행인 • 이성모 / 발행처 • 도서출판 동인 / 등록 • 제1-1599호

주소 • 서울시 종로구 혜화로3길 5 118호

전화 • (02) 765-7145, 55 / 팩스 • (02) 765-7165

E-mail • dongin60@chol.com

ISBN　978-89-5506-636-4

정가　8,000원